THE HEART IS NOT A CREATOR

Jonathan Dunne is a graduate in Classics from the University of Oxford. He has translated more than eighty books from Bulgarian, Catalan, Galician and Spanish. He directs Small Stations Press, the main publisher of Galician literature in English. He has written on the theology of language, most recently *Seven Brief Lessons on Language* (2023). He sees a connection between language and the environment, both of which are waiting to be interpreted. More info on his website: www.stonesofithaca.com.

Yordan Efftimov (born January 23, 1971, in Razgrad, Bulgaria) is a poet, literary historian, and assistant professor in Theory of Literature at New Bulgarian University, Sofia. He has written eight poetry books. *The Heart Is Not a Creator* received a double recognition – it won the Ivan Nikolov National Award for Poetry Book of the Year (2013) and the Hristo Fotev National Award for Poetry (2014). He is the author of popular science books, most recently *Quarantinscapes and Other Micro-Essays* (2021).

Also by Jonathan Dunne

Even Though That   (Proxima-RP, 2004)
The DNA of the English Language   (Small Stations Press, 2007)
Anthology of Galician Literature 1196-1981   (Xunta de Galicia,
                        Edicións Xerais de Galicia, Editorial Galaxia, 2010)
Contemporary Galician Poets   (Poetry Review, 2010)
Anthology of Galician Literature 1981-2011   (Xunta de Galicia,
                        Edicións Xerais de Galicia, Editorial Galaxia, 2012)
The Life of a Translator   (Small Stations Press, 2013)
Stones Of Ithaca   (Small Stations Press, 2019)
Seven Brief Lessons on Language   (Small Stations Press, 2023)

Also by Yordan Efftimov

Metametaphysics   (Free Poetry Society, 1993)
Bulgarian Reader [with Georgi Gospodinov, Boyko Penchev and Plamen Doynov]
                                                  (Free Poetry Society, 1995)
Eleven Indian Tales   (AB, 1997)
Africa/Numbers   (Janet-45, 1998)
Bulgarian Anthology [with Georgi Gospodinov, Boyko Penchev and Plamen Doynov]
                                                  (Free Poetry Society, 1998)
Opera Nigra   (Anubis, 2001)
My Wife Always Says   (Janet-45, 2005)
Proven Theories, Final Experiments   (Small Stations Press, 2018)
Before They Wash Off the Blood   (List, 2022)

CONTENTS

ОЩЕ ЛИ НЕ СА ОТКРИЛИ ОТСЪСТВИЕТО МИ? / HAVEN'T THEY NOTICED MY
ABSENCE YET?

ISBN: 978-1-917617-24-6

Cover designed by Aaron Kent

Cover art: © Victoria / Adobe Stock

Edited and Typeset by Aaron Kent

Broken Sleep Books Ltd
PO BOX 102
Llandysul
SA44 9BG

The Heart Is Not a Creator

Yordan Efftimov

Translated by: Jonathan Dunne

Broken Sleep Books

ЗНАЦИ ЗА ДЪЛБОЧИНА

DEPTH MARKERS

СЪРЦЕТО НЕ Е СЪЗДАТЕЛ

Помпената станция на радостта –
в края на пътеката.
Страхът, че ако поискам да те вдигна,
ще залитна и с облекчение ще изсипя товара си по склона.
Радостта, че живото тяло тежи повече от мъртвото,
защото се движи –
както вятърът прави студа
по-силен.
Страхът, че ще се изпънеш като струна
или панически ще потърсиш с крака дъното
като плувец, който не вярва в Бог
или който в този момент е забравил,
че вярва.
Страхът, че веднъж съблечени,
ще ни е страх да признаем колко ни е студено,
и радостта, че и другият се страхува.
Ще привличаме мълниите?
Мокрият
не се страхува от поръсване
със здравец.

Кръвта изкачва своите върхове.
Сърцето изпраща и приема пътници,
повдига
и те прави птица –
с мокри пера, с вода в мотора, със сухо гърло –
но птица.
И все пак сърцето не е създател.

THE HEART IS NOT A CREATOR

The pumping station of joy –
at the end of the path.
The fear that if I want to lift you
I will lurch and dump my load on the slope with relief.
The joy that a living body weighs more than a dead one
because it moves –
as wind makes cold
stronger.
The fear that you will stretch like a string
or anxiously search for the bottom with your feet
like a swimmer who doesn't believe in God
or has momentarily forgotten
he believes.
The fear that, once undressed,
we will be afraid to admit how cold we are,
and the joy that the other is also afraid.
Will we attract strikes of lightning?
The wet one
is not afraid to be sprinkled
with geranium leaves.

Blood climbs its peaks.
The heart sends and receives passengers,
lifts up
and makes you a bird –
with wet feathers, water in the engine, a dry throat,
but a bird.
And yet the heart is not a creator.

То е меко – като ръце,
които неуверено, но сигурно
вдигат своя товар от разливаща се вода.
Толкова силно бие, че ти се повдига
от радост.

Не спираш да пиеш вода,
за да се успокоиш.
Но както става винаги –
пиенето само увеличава жаждата.
И страха.

IT'S INSULTING WHEN YOU DO NOT LOVE

You stare blurry-eyed
at all those rushing into the water.
Splashing
with sought-after joy,
barely stepping forward,
relaxed, as if they believe, drifting,
fathers performing world
acrobatic tricks for their sons,
with their backs to us.

Horizon gazers –
huge anchorless
caves.

You hear their hearts –
each has their own truth.
And truth is just the appearance of desire.
No more,
no less.
World.

СЪРЦЕТО НЕ Е СЪЗДАТЕЛ

Спомняш ли си как започнах да духам в ухото ти? Трябваше да наподобя различни ветрове. Нощен бриз, който духа от сушата към водата и е перфектен за тихо тръгване, ураганен горещ казахстански ибе, който обстрелва с дребни камъчета барабаните на полето, сух харматан, който оцветява Атлантика с кръвта на Сахара, арабски самум, който смесва желязото на земята с мехурчетата на морето, италиански суховей сироко, който с горещината си предизвиква безумие и убийства от загуба на посоката, пролетен мистрал, който насича на филийки марсилските изгреви, синайски шарав, който изпива водата от очите, студено уругвайско памперо с много дъжд, който те обвива като шал, хартумски хабуб, който закрива с прах всичко и те кара да се чувстваш зазидан във въздуха, шквал, който рязко преобръща солидни лодки, леден трамонтана, спускащ се отгоре като паднал ангел. Страшни, нежни, меки като сюнгер и твърди като бетон. Постигнах само смях.

THE HEART IS NOT A CREATOR

Do you remember how I started blowing in your ear? I had to imitate various winds. A night breeze, which blows from land to water and is perfect for quietly setting out; a hurricane hot Kazakh ibe, which pounds the drums of the field with little stones; a dry harmattan, which colours the Atlantic with the blood of the Sahara; an Arabian simoom, which mixes the iron of the earth with the bubbles of the sea; an Italian dry sirocco, which with its heat causes madness and murder from a loss of direction; a spring mistral, which cuts Marseille sunrises into slices; a Sinai sharab, which absorbs the water from your eyes; a cold Uruguayan pampero with lots of rain, which wraps you like a shawl; a Khartoum haboob, which covers everything in dust and makes you feel immured in the air; a squall, which violently overturns solid boats; an icy Tramontane descending from above like a fallen angel. Scary, tender, soft as a sponge and hard as concrete. All I got was a laugh.

СЪРЦЕТО НЕ Е СЪЗДАТЕЛ

Купчина камъни
изсипани във вълните
на носа
заден двор на курорта.
Отдалече приличат на сърце,
макар от друг ъгъл
да са юмрук с палец, щръкнал
между показалеца и средния.
Прибоят не може да изплаши дори дете.

Сърцето не е създател
и татуираните с бирите
са съгласни.
Едно от момичетата
е с изрисувано лице –
обяснява на развален английски,
че заспало, докато му изписвали
само някакви си три звезди до ухото.
Когато се събудило,
имало цяло съзвездие
(без да броим луничките).
Ритмичната болка в сърцекорема –
с все същата сила.

THE HEART IS NOT A CREATOR

A pile of stones
poured out in the waves
on the promontory
backyard of the resort.
From afar they look like a heart,
albeit from another angle
they could be a fist with a thumb sticking out
between the forefinger and the middle finger.
The surf wouldn't even scare a child.

The heart is not a creator
and the tattooed with beers
would agree.
One of the women
has a painted face –
she explains in broken English
that she fell asleep when they were drawing
three stars only next to her ear
and woke up
to find a whole constellation
(freckles apart).
The throbbing pain in her heart-stomach
has the selfsame force.

СЪРЦЕТО НЕ Е СЪЗДАТЕЛ

„Сърцето не е създател" – в кръг.
Би могъл да прочете надписа,
ако в часовете по старогръцки
не беше гледал
краката на сменящите се по майчинство учителки.

Видя се как го държи на първа страница –
снимката е малка
и пръстенът изобщо не личи,
но текстът поясняла, че откритието
на това лято
вече е направено.

Би могъл да го подари на онази жена,
с която се скара сутринта
и която го следваше като хипи –
сянка на многорък робот в караваната.
Сянка, към която е прикрепен той,
и подобно цвете не би могъл да съществува без грубите корени,
плитко вкопани в пръстта.

После се видя в атриума на една вила –
точно копие на патрициански дом в Помпей,
както уверяваха архитектите –
а пръстенът е в ръката на човек,
за когото казват, че е бил някога крупие в казино.
Човекът го пробва и установява,
че му пасва: „Всички онези коментари

THE HEART IS NOT A CREATOR

"The heart is not a creator" – in a circle.
He could have read the inscription
had, in Ancient Greek lessons,
he not been looking at the legs
of teachers who went on maternity leave.

He saw himself holding it on the front page –
the photo is small,
the ring can hardly be seen,
but the text makes clear that
this is the discovery
of the summer.

He could have given it to that woman
he quarrelled with in the morning,
the one who followed him around like a hippy,
a shadow of the multifunctional robot in the caravan.
A shadow he was attached to –
like a flower, he could not have existed without the rough roots
lightly buried in soil.

Then he saw himself in the atrium of a villa –
an exact copy of a patrician house in Pompeii,
so the architects maintained –
the ring in the hand of a man
said to have been a croupier in a casino.
The man tries it on, discovers
it fits him: "All that talk

за акселерацията са слухове,

разпространявани от невежи.

Или няма нищо вярно

в теорията за джуджетата преди нас,

или всичко, което ми носят,

е майсторско менте.

Да, занаятчии искат да го пробутат на един бивш слуга,

забогатял според тях напълно нелогично."

Дори не се засмива, този човек.

Би могъл.

Но защо най-силно му се иска

да върне находката обратно в земята?

Обзема го съчувствие

като към природна суровина,

за която човечеството

още не е дорасло.

Оглежда се, без да вдига глава.

Може би още никой не е усетил

какво му минава през ума,

проснат в една ръчна количка за пръст

по време на първата почивка

в този августовски ден

до тракийска могила,

обозначена върху картата с цифри

като секретен военен обект.

Лежи, а през листата необезпокоявани

слънчеви зайчета скачат

по лицето му.

about acceleration is just a rumour
spread by fools.
Or there is no truth
in the theory of dwarves before us.
Or everything they bring me
is just a masterful fake.
That's right, the craftsmen want to palm it off on an ex-servant
they think got rich illogically."
The guy doesn't even laugh.

He could have.
But what he really wants
is to return it to the soil from whence it came.
He is overwhelmed by sympathy
for the natural raw material
humanity is not ready for
yet.

He glances around without lifting his head.
Perhaps no one has realized
what is passing through his mind
as he sprawls in the wheelbarrow
during first break
on that August morning,
by the Thracian mound
shown on the map with numbers
as a secret military site.

He lies there; through the undisturbed leaves
sun spots dance
on his face.

СЪРЦЕТО НЕ Е СЪЗДАТЕЛ

Всичко тук бе толкова красиво с безполезността си –
черен плосък скат, набразден от покрити с мъх
ниски каменни зидове,
разделящи необработваните от памтивека
парцели.
Уханна пустиня на един километър надморска височина.

Купиха къщата от един англичанин,
убеден, че има призраци в нея.
Не, това са пълни глупости!
Англичанинът бе напуснал старата си жена,
но бе напуснат от българката –
красива като всичко чуждо.
На нейно име регистрирал всичко останало за по-сигурно.
Сърцето не може да построи нищо,
нито да разруши каквото и да е.

Дали си вярва?

Сега първата им работа бе да отворят прозорците
въпреки комарите.
Той излезе да набере някакви бурени
за вазите и за купите със салата.
Когато стигна до плевнята
с паднал покрив,
видя как една бреза се е врязала
в разсипаните камъни
и в главата му просветна гледка от детството:

THE HEART IS NOT A CREATOR

Everything here was so pretty in its lack of purpose –
the black slope lined with low moss-covered
stone walls
dividing parcels that haven't been worked
in centuries.
A fragrant desert one kilometre above sea level.

They bought the house from an Englishman
who was convinced it was haunted.
Oh, what nonsense!
The Englishman had left his previous wife
and been left by the Bulgarian,
who was beautiful like everything foreign.
Everything else had been registered in her name for safekeeping.
The heart cannot build,
but it can't destroy, either.

Does he really believe that?

Their first job now was to open the windows
despite the mosquitoes.
He went out to pick some weeds
for the vases and the salad bowls.
When he reached the barn
with its caved-in roof
he noticed a birch had pushed through
the scattered stones,
and there flashed through his mind a vision from childhood:

ден с надвиснало небе и
въглища, прибрани за по-бързо
в сеното.

the day is overcast,
coals have been dropped in the hay
any old how.

ИНСТРУКЦИИ

Забий брадичка в пясъка,
за да усетиш твърдостта му.
Сега поплувай в него –
мек е като въздух.
Подишай из вътрешността му –
кух е.
Зарий се сам – до кръста,
след това до шия.
Накрая остави една тръбичка –
за гледане навътре.
Отрови̇ се – бавно.
Награби две шепи пясък след това,
щедро ги натъпчи догоре, изравни,
и после ги сложи в устата си.
Дъвчи.
А после плюй,
без да си помагаш с друго.
И нека всяка песъчинка,
полепнала по устните, в очите,
да ти напомня, че от мекотело
си израсъл до убиец.

INSTRUCTIONS

Stick your chin in the sand
to feel its hardness.
Now swim in it –
it is soft as air.
Breathe through its interior –
it is hollow.
Immerse yourself to the waist,
then to the neck.
Finally leave a straw
for looking in.
Dig yourself out – slowly.
Scoop two handfuls of sand,
generously pile them up, level them off,
and put them in your mouth.
Chew.
Then spit
without helping yourself with anything.
Let every grain
stuck to your lips, your eyes,
remind you how you went from being soft-bodied
to being a killer.

СЪРЦЕТО НЕ Е СЪЗДАТЕЛ

THE HEART IS NOT A CREATOR

КЪЩА НАД ВЪЛНИТЕ

Първи сведения за ледовете в Черно море дава Херодот, който споменава, че Босфор Кимерийски и Метеодита често се сковават от ледове, които през пролетта се изнасят в Понта. Римският поет Овидий, който бил заточен в началото на новата ера в Мала Скития, описва замръзването на р. Дунав и крайбрежните морски води. Но най-голямото замръзване било през 762 г., според написаното от летописеца Кодрин, когато от Месемврия могло да се стигне до кавказкото крайбрежие по лед.

През 1929-а е можело

по суша да се стига до Св. Иван,

а и голяма игра

е паднала.

Но едно лекокрило дете

пропукало леда

и целият Созопол –

и гърците, и българите,

няколкото цигански семейства –

го изпратил до малкото гробище

в самия край на стария град.

Никой не го познавал,

не открили дори родителите му –

но толкова хора

не се били събирали дори на Великден.

Само преди няколко години изнесоха

костите на детето

заедно с останките

на още десетина мъртви.

„Петното" на гробището –

усвоено от вила,

кацнала с размах на скалите.

HOUSE ABOVE THE WAVES

The first reports of ice on the Black Sea derive from Herodotus, who mentions that the Cimmerian Bosporus and the Maeotis are often covered in ice, which in spring moves towards the Pontus. The Roman poet Ovid, who at the start of the new era was banished to Scythia Minor, describes the freezing of the River Danube and coastal sea waters. But the biggest freeze was in 762, according to the chronicler George Kedrenos, when it was possible to walk on the ice from Mesembria to the Caucasian coast.[2]

In 1929 it was possible
to reach Saint John by land,[3]
and much fun
was had by all.
But a light-winged child
cracked the ice,
and the whole of Sozopol –
Greeks, Bulgarians,
and the few Roma families –
accompanied him to the little cemetery
on the edge of the old town.
Nobody knew him,
they couldn't even locate his parents,
but there hadn't been
such a gathering even at Easter.

Just a few years ago they removed
the bones of the child
together with the remains
of another dozen dead.
The "Spot" of the cemetery –
acquired by a villa
that landed on the rocks with its wingspan.

Местните разказват небивалици:
че била обитавана от призраци.
Наистина в летните вечери
зад осветените ѝ високи прозорци
могат да се видят танцуващите силуети
на министри, собственици на мини
и други отражения
от телевизора.
И само това.

Едва ли може да се чака ново чудо,
едва ли вилата за миг
ще се сурне
във вълните като гмурец, търсещ риба.

Костите на анонимното дете
не издавали абсолютно никакво благовоние.

The locals tell stories:
that it was inhabited by ghosts.
And in truth, on summer evenings,
behind the tall, lit windows,
there can be seen the dancing silhouettes
of ministers, mine owners,
and other reflections
from the TV.
Nothing more.

One can hardly expect another miracle;
the villa is hardly going to crash
into the waves
any moment now, like a diver in search of fish.

The bones of the anonymous child
gave off absolutely no fragrance.

ВИЛАТА, ИЗГЛЕД ОТКЪМ СВ. ИВАН

А и той не бе Малапарте –
да предизвиква местните
с ужасен вкус.
Не беше поръчвал вила – стълбище към небето,
нито идеален затворен плаж върху покрива.
Помисли си го,
когато тя заяви,
че макар красотата ѝ да е обречена,
все пак притежава повече причини
да се радва на стръмния бряг
от всички аполонийски туземци!

Лъчите на фара
хвърлят сенки по лицата около масата
с такава периодичност –
кратко светло
и дълга тъмнина –
че никой не се усъмнява –
щастието е само
пауза
във веригата от болка и натиск,
които хората си причиняват.

THE VILLA, SEEN FROM SAINT JOHN

He was hardly Malaparte –[4]
to provoke the locals
with terrible taste.
He hadn't ordered a villa (a stairway to heaven)
or an ideal, private beach on the roof.
He thought about it
when she remarked
that though her beauty was doomed
she still had more reasons
to enjoy the steep shore
than all the Apollonian aborigines!

The beams of the lighthouse
cast shadows on the faces around the table
with such regularity –
short light,
long dark –
that nobody is in any doubt:
happiness is merely
a pause
in the chain of pain and pressure
people cause each other.

ЕЛЕГИЯ ЗА ДЕТЕТО, НАМЕРЕНО НА ПЛАЖА

Нима има нещо по-неразбираемо
от легналите по корем,
тресящи се от смях бели тела?

Когато целият ансамбъл
в един тон
отваря лява шепа
и налива плажно масло,
за да се самоопрости,
и един 60-годишен сърфист, изпънал мускули,
се хвърля срещу вълните,
отново и отново,
а една майка тича,
кляка
и рови с поглед между чадърите,
ненамирайки,
ненамирайки детето си
до спасителния пояс
с глава на анимационен герой.

Откриха го на два километра на юг.
Непипнато от крадци.
Самò,
свито като в утробата на майка си,
с един меден пръстен, нищо друго.
Не проговаря.

ELEGY FOR THE CHILD FOUND ON THE BEACH

Is there anything more unintelligible
than white bodies lying on their bellies,
shaking with laughter?

When the whole monotonous
ensemble
lifts its left palm
and pours out beach oil
to simplify itself,
and a surfer in his sixties, flexing his muscles,
throws himself at the waves
again and again,
while a mother runs,
crouches down,
and peers in between the umbrellas,
not finding,
not finding her child
by the inflatable ring
with its head of a cartoon character.

They discovered him two kilometres further south.
Untouched by robbers.
Alone,
curled up as in his mother's womb,
with a copper ring, nothing else.
He doesn't speak.

До 1962-а тук беше най-модният плаж
и най-запалените яхаха
червените вълни
преди залез.
След това отточната тръба
на урановата мина
извика всички онези табели
за забранена зона.
Всъщност изобщо не беше опасно.
За ловците на миди настъпи златно време.

Ето че го намериха.
Засипано не в почва,
върху която расте трева.
Засипано в пясък, който расте и се движи.
С уста, пълна с пясък.
С пръсти, хванали здраво пясъка.

Until 1962, this was the most fashionable beach,
and the most eager used to ride
the red waves
before sunset.
After that, the drainage channel
from the uranium mine
attracted all those
restricted area signs.
It wasn't actually that dangerous,
but it ushered in a golden age for clam hunters.

They found him in the end.
Buried not in earth,
on which grass grows.
Buried in sand, which grows and moves.
His mouth full of sand.
His fingers tightly gripping the sand.

КОМЮНИКЕ ОТ ПЪРВАТА ЛИНИЯ

Защо на плажа всичко
наподобява тренировка или репетиция?
Защо пейзажът никога
не може да заслужи Фотевата дефиниция:
„Автентичен, като създаден в тоя миг"?

Устните ѝ стояха като корона –
приятелят ѝ се скъса да я снима
(на подготовката му би завидял дори Коро).
А отгоре – картезиански застинали –
облаците висяха на своите нимбове.

COMMUNIQUÉ FROM THE FRONT LINE

Why does everything on the beach
resemble a practice session or a rehearsal?
Why is it the landscape
never deserves Fotev's definition[5]
"authentic, as if created right now"?

Her lips pouted like a crown –
her boyfriend didn't stop taking photos of her
(Corot would have envied his preparation).[6]
Up above – frozen after Descartes –
the clouds hung on their nimbuses.

- - -

Две прегорели солети –
крачетата на бъдеща мъжемелачка –
стоят по средата на гледката.
Дали от този или от другия лагер,
но всички се уважават като колеги.

Татуировката на един унгарец –
разположен под дебел пласт от черепи
надпис *In memory of My Father*,
а над него трима разпънати евреи
само единият от които несвоевременен.

\- - -

Two burnt salty sticks –
the legs of a future man-eater –
block my view.
It doesn't matter which camp you're from,
everybody respects one another like colleagues.

A Hungarian's tattoo –
under a thick layer of skulls,
the inscription "In memory of my father";
on top, three crucified Jews,
only one of them untimely.

\- - -

Флагът е червен –
пределно време за лекуване на разширени вени.
А те се хвърлят сред разбитите белтъци на вълните.
Две влюбени деца, открили свойто „искам"
и скрили от сърцето „никога".

Той е откраднал фейса
и бръчките на Уили Нелсън,
а тя – на Пипилота Ефраимова.
Не ще да се удавят лесно,
дори и заради римата.

- - -

The flag is red –
the perfect time for curing varicose veins.
They throw themselves into the broken whites of the waves.
Two children in love who have discovered their "I want"
and removed "never" from their hearts.

He has stolen the face
and wrinkles of Willie Nelson;
she, of Pippi Longstocking.
They won't drown easily,
just because of the rhyme.

- - -

За мравката теренът тук
е като полесражение след тежка битка –
толкова достойни за ограбване трупове.
Златен улов! Тя няма да се труди
да брои. Ще скита

из историческата равнина –
макар със завидна разлика в нивата –
като в музей, пазачите на който са дезертирали
за бира.
Тя би могла да пълни цели тирове!

- - -

For the ant, the terrain here
is the site of a heavy battle –
so many corpses worth plundering.
A golden catch! There's no point
counting. It will wander

over the historical plain –
despite the significant changes in elevation –
as in a museum whose keepers have gone
for a beer.
It could fill whole lorries!

- - -

За маковете никой
не казва, че са избелели.
Новите гърди на поредната актриса
са отишли на кино –
излезли от междумускулната си килия.

Събитието е елипса.
Световната икономическа криза –
кавър на оригами.
Едно момиченце с пиърсинг
си търси лопатката, лейката и ситото.

- - -

When it comes to poppies,
no one says they've faded.
The next actress' new breasts
have gone to seed –
slipped out of their intramuscular cell.

The event is an eclipse.
The world economic crisis,
a cover of origami.
A little girl with a nose ring
searches for her spade, watering can, and sieve.

\- - -

Облаците на зенита
са като нервни клетки.
Електриково-петролна плетка – от тел.
Раздърпани бели мъглявини,
обрамчени от лазурен клек.

На хоризонта – като рисувани от руски художник,
емигрирал при безбожници.
Чайките са вид кокошки.
Въпросителни от кожа,
летящи електрошокове.

- - -

The clouds at the zenith
are like nerve cells.
Electric-petrol wire knitting.
Shredded white nebulas
bordered round with azure mountain pine.

On the horizon – as if drawn by a Russian artist
who went to live among heathens.
The seagulls are like hens.
Skin question marks,
airborne electric shocks.

- - -

На плажа светът се свежда
до черно-бели пропорции.
Проценти полезна неестественост.
Слънце – да, приемано на порции.
Добре пресметнато.

Светът на плажа –
човешката каша,
в която може би крачи
един свръхчовек,
със съдба да избегне кръщението.

\- - -

On the beach, the world is reduced
to black and white proportions.
Percentages of useful unnaturalness.
Sun – yes, but only in small doses.
Carefully measured.

The world on the beach –
a human pottage
on which may walk
a superman
destined to avoid baptism.

КОМЮНИКЕ ОТ ПЪРВАТА ЛИНИЯ

COMMUNIQUÉ FROM
THE FRONT LINE

КАТАСТРОФАТА

Още съм стар за такива неща.
Изпусках момента много пъти –
никога не катастрофирах както трябва.
Винаги имаше мирис на прах и плющене на възглавница в лицето.
Най-много щръкнали ребра – като вила за пластене на сено.

THE CAR CRASH

I am still too old for such things.
I missed the opportunity many times –
I never crashed as I had to.
There was always the smell of dust and the airbag smacking my
face.
At most, some protruding ribs – like a pitchfork.

ДЪЛЪГ ПЪТ

Намерил си пътя едва когато осъзнаеш,
че болките в краката
не са резултат от дълъг път,
а от очакването.

A LONG JOURNEY

You have found the way only when you realize
the aches and pains in your legs
are not the result of a long journey,
but of expectation.

ТАЙНСТВЕНАТА БОМБА

Логично е да подозираш снизхождение,
защото пишещият винаги е надменен –
той дава имена, той прави нещата уж по-малко смъртни.
Това обвинение заслужава и фотографът.
Или това самообвинение.
Което не изключва завистта –
към онези, които живеят просто
и които при загубата на близък човек
никога не са в траур.
Те знаят истината за предназначението
и силата на събитието,
което изригва
без да е плод на замисъл.
Но това не е знание, разбира се.
Нищо не е.

THE MYSTERIOUS BOMB

It is logical to suspect condescension
because the one who writes is always supercilious –
he accords names, makes things supposedly less mortal.
This accusation can also be levelled at the photographer.
This self-accusation.
Which doesn't exclude envy –
towards those who live simply
and at the loss of loved one
are never in mourning.
They know the truth about the purpose
and power of the event,
which erupts
without being the fruit of some plan.
But that's not knowledge, needless to say.
It's nothing really.

НЕ СЕ СЕЩАШ КАКВО МОЖЕШ ДА РЕЖЕШ С ТОЛКОВА УДОБНО СЕЧИВО

Същото е с летищата –
толкова чужди, че те опияняват
с възможността най-сетне да намериш.

Но ти никога не намираш.

Дори когато открият бутилка, която би прежалил,
но никой не го иска от теб,
въпреки че гърлото ѝ би могло да бъде трион.

Не се сещаш какво можеш да режеш с толкова удобно сечиво.

Ще летиш на чужди криле из толкова свои небеса.
Като дете, което прави жабки във въздушни ями.
Като света, който винаги е твой, за разлика от несвоето вътре
в теб.

YOU HAVE NO IDEA WHAT YOU CAN CUT WITH SUCH A CONVENIENT UTENSIL

It's the same with airports –
so foreign they intoxicate you
with the possibility of finally finding.

But you never find.

Even when they discover a bottle you could do without,
but they don't want it from you,
even though the neck would make a good saw.

You have no idea what you can cut with such a convenient utensil.

You will fly on foreign wings through skies that are so much your own.
Like a child skimming stones on air pits.
Like the world, which is always yours, unlike what is not yours
inside you.

БЪДЕЩЕТО

Да, искаме да отидем в планината.
Но не ни стиска, нали?
Защото наистина ще бъдем голи като животни
и няма да можем да прикрием ерекцията си.
По-скоро липсата ѝ.
Или каквото и да е
освен мечтата.

Колко смешни само са възбудените животни!
Революционни набъбнали дадености.
Природата е толкова сериозно заслепена в грижата си за бъдещето.
И как непрекъснато забравя, че е природа –
иде ти да ѝ зашлевиш поне шамар.

THE FUTURE

Yes, we want to go to the mountain.
But we don't dare, right?
Because then we would really be naked like animals
and have nowhere to hide our erection.
Or its lack.
Or whatever it is,
except for the dream.

How funny excited animals are!
Revolutionary swollen facts.
Nature is so seriously blinded in its concern for the future.
It constantly forgets it's nature –
you'd like to give it a slap.

ЗНАЦИ ЗА ДЪЛБОЧИНА

Един се оглежда безразлично –
пълководец, уморен от победата.
Друг прилежно поставя
джапанките до бъдещия чадър.
Трети товари нечий чужд джиесем –
говори на воля,
без страх от подслушване.
Само аз с двете гребла,
забити до още ненадутата лодка,
не знам дали баластът от пълни с пясък
двайсетлитрови бутилки от минерална вода
е спасен или залутан до брега заедно с чимовете тръстика,
а червените шапки над водата
са вече бивши знаци за дълбочина.

DEPTH MARKERS

One glances around indifferently –
a general weary of victory.
Another carefully places
his flip-flops next to the future umbrella.
A third racks up another's GSM –
talking freely,
without fear of being overheard.
Only I, with two oars
stuck next to the uninflated boat,
am unaware whether the ballast of
twenty-litre water jars packed with sand
has been saved or has drifted ashore together with the reed beds,
the red caps on the water
depth markers no more.

ХВЪРЛЯНЕ

Детето хвърля топката по-високо от самолетите.
И ето – сваля първия
без засилка.
Вторият пада сам
още при мисълта,
че то може да запрати топката си
отново.
Топката лети, прави чупки, има въртеливост,
за която и то не е подозирало.
И на теб ти се иска да я яхнеш.
Да признаеш, че тъкмо това хвърляне
е най-сполучливото решение.

THROWING

The child throws the ball higher than the planes.
See – he brings down the first one
without much effort.
The second falls by itself
at the mere thought
that he might send up his ball
again.
The ball flies, bends, spins,
in a way he had never imagined.
You'd like to ride it yourself.
To admit that this precise throwing
is the best solution.

НЕПРЕВОДИМОСТТА НА КРАСОТАТА

1.

Излезе,
за да видиш
красотата на дъжда,
когато вратата се заключи.
Една от онези врати
без дръжки
заради ремонта.

2.

Чула клаксона на онзи красавец
с панорамния автомобил
и се спънала
в басейна.
Съпругът ѝ забравил снощи
да го спихне
въпреки нееднократното
подсещане.
Басейните при всички случаи
пречат на тичането и
този случай
няма как да е единственото
изключение.

THE UNTRANSLATABILITY OF BEAUTY

1.

You went out
to see
the beauty of the rain,
and the door locked.
One of those doors
without handles
because of renovation.

2.

She heard the horn of the handsome man
with the panoramic car
and tripped
on the pool.
Her husband had forgotten to deflate it
the night before,
despite the oft-repeated
reminder.
Pools get in the way of running
in all cases –
this can hardly be the only
exception.

ПРЕДВИДЕНИ НЕТОЧНОСТИ В ИЗМЕРВАНЕТО

Залезът е отражение
на нещо случило се
на друго място
и по друго време.

FORESEEN INACCURACIES OF MEASUREMENT

The sunset is a reflection
of something that has happened
at another time
and in another place.

КАЖИ НЕЩО ЗА ВОДОРАСЛИТЕ

Чайките работят с по-голям размах
и къщите са омазани до уши с гуано.
Патинирани – като древни храмове.
Дори нашествието от цъфтящи водорасли
е полезно: за лекуващите се от вени.
Почиваш – необходимост.
Задръж усмивката –
не давай вятърът да отвее
кадъра.

SAY SOMETHING ABOUT THE SEAWEED

Seagulls operate on a larger scale.
The houses are up to their ears in muck.
Patinaed – like ancient temples.
Even the invasion of the seaweed bloom
is useful – for those curing their veins.
You rest – necessity.
Hold on to that smile –
don't let the wind disrupt
the frame.

ОЩЕ ЛИ НЕ СА ОТКРИЛИ ОТСЪСТВИЕТО МИ?

HAVEN'T THEY NO-
TICED MY ABSENCE
YET?

ПРОЛЕТТА, ПО ВСЯКО ВРЕМЕ

Има неща, които не може да не са такива, каквито са,
въпреки че изглеждат нескопосано.
Всъщност всички неща са такива.

SPRING, ANY TIME

There are things which can't *not* be what they are,
albeit they appear clumsy.
In fact, all things are like that.

ТОВА, КОЕТО ИЗЛИЗА ОТ НАС

Това, което излиза от нас
е зелено,
но не се радваме.

Това, което излиза от нас,
не е само наше казване –
зад него е усърдието на анонимни вече бактерии,
на практика безплатни експерти,
работещи по отчетена в минал сезон програма
за героите на тихия фронт.

WHAT COMES OUT OF US

What comes out of us
is green,
but we're not pleased.

What comes out of us
is not just our saying –
behind it is the zeal of anonymous bacteria,
actually free experts,
working to last season's completed programme
for the heroes of the silent front.

КОД: НАПУКАНИ УСТНИ

Над бариерата виси надпис „Преминаването
абсолютно забранено"
До него друг: „Обект №" и поредица от цифри – точни
и напълно безсмислени
Въпреки всичко върху твърдата настилка
личат следите от многотонни камиони
В кабинката отстрани няма жива душа
Дали е отишъл да пусне една вода?
Или някога тук се е разразила една
от така типичните днес локални военни кризи?
Или следят нещата дистанционно –
с камери, монтирани на гърбовете на опитомени бактерии,
или чрез слети с въздуха безкраки роботи?

Днес за по-сигурно тръгнах с колата
Висшата семейна ценност
Може би трябваше да бъда пеш
и по-мобилен
Щях да се промъкна незабелязано
И да погледна оттатък хребета
Пътят и без това е като отсечен с нож
и задницата на предния смелчак –
по-скоро Понтиак, отколкото чудо от страната на изгряващото слънце –
стърчи от пропастта,
а гумите все още се въртят

CODE: CHAPPED LIPS

Above the barrier hangs an inscription: "Entry
strictly forbidden"
Next to it, another, "Site no.", and a series of numbers – accurate
but completely meaningless
In spite of this on the hard surface
can be seen the tracks of multi-ton lorries
In the portacabin to one side there is not a soul
Have they gone to take a leak?
Or has there been one of those
local military crises so typical nowadays?
Or perhaps they monitor things by remote –
with cameras installed on the backs of domesticated bacteria
or by means of limbless robots that have fused with the air

Today just to be safe I took the car
The highest family value
Perhaps I should have gone on foot
been more mobile
I was going to sneak in unnoticed
have a look at the ridge from the other side
But the road is like cut with a knife
and the back end of the previous daredevil –
a Pontiac rather than a wonder from the Land of the Rising Sun –
sticks out of the abyss
its wheels still spinning

ЕКСКУРЗИЯ ДО ЗАТВОРЕН ЗАВОД

Смъртта те настига в някакъв гид,
коментиращ лошия въздух в блато недалеч.
Пътят непременно минава през него.

OUTING TO A CLOSED FACTORY

Death catches up with you in a guide
that remarks on the bad air in a nearby swamp
through which the road necessarily passes.

RE: СНЯГ

Днес си мисля само за едно:
за пикник в снега.
Щях да кажа „пикник в светлината",
дори написах „пикник в све",
но се спрях навреме.
Толкова е приятно, когато
си мислиш, че си спрял навреме.
И в следващия миг
в задницата на колата ти се вреже
някой гъз, който не е успял.

RE: SNOW

Today I can only think about one thing:
a picnic in the snow.
I was going to say "a picnic in the light",
I even wrote "picnic in the li...",
but I stopped myself in time.
It's so nice when
you think you've stopped in time.
The next moment
some prick who didn't
crashes into the back end of your car.

СЪРЦЕТО ВСЕ ОЩЕ НЕ Е СЪЗДАТЕЛ

Заради летния сезон
в най-тиражния вестник
писаха за ужасния шум,
който някаква двойка вдига нощем в този парцел.
В сърцето на нощта
правели безобразна любов
върху случайно избрани гробове.
Тази реклама на гробищния парк
беше единственият повод
да бъде спомената любовта.

STILL THE HEART IS NOT A CREATOR

Because of the summer season
in the most circulated newspaper
they wrote about the awful noise
made by some couple at night on this plot.
In the heart of the night
they made outrageous love
on randomly selected graves.
The cemetery park's advertisement
was the only reason
love got a mention.

ОЩЕ ЛИ НЕ СА ОТКРИЛИ ОТСЪСТВИЕТО МИ?

Заспал на дюшека
и се събудил в открито море.

Колко пропуснати обаждания са изписани на зарития в пясъка телефон?
Или няма сигнал в този намерен след издирване див залив?
Ще дойде ли достатъчно скоро залезът?
Изгарянето в открито море боли повече
от вдишването след смях.

Още ли не са открили отсъствието ми?

Един приятел твърди, че
корабокрушенецът е вече спасен.
Ужасна била участта на лутащия се моряк.

Още ли не са открили отсъствието ми?

HAVEN'T THEY NOTICED MY ABSENCE YET?

He fell asleep on the lilo
and woke up on the open sea.

How many missed calls are written on the phone buried in the sand?
Is there even a signal in this wild bay found after searching?
Will the sunset come quickly enough?
The burning on the open sea hurts more
than breathing in after laughter.

Haven't they noticed my absence yet?

A friend affirms
the castaway has been saved already.
Terrible was the wandering sailor's fate.

Haven't they noticed my absence yet?

ENDNOTES

1. Slavko Vorkapich (1894-1976), Serbian-born montagist and filmmaker, well known for his contribution to early American avant-garde film. His short film "Moods of the Sea" (1941) can be seen on YouTube.

2. The Cimmerian Bosporus and the Maeotis equate to the Kerch Strait and the Sea of Azov today. The Pontus is the Greek name for the Black Sea (initially called the "Inhospitable Sea", Pontos Axeinos, and then changed to the "Hospitable Sea", Euxeinos Pontos). Mesembria is the Greek name for Nesebar, a seaside resort in Bulgaria between Varna and Burgas, to the north of which is Sunny Beach.

3. Saint John (St. Ivan Island) is a small island off the seaside town of Sozopol, south of Burgas. Sozopol was called Apollonia in Greek because it had a temple to Apollo. Today there is a major arts festival by this name, held every year at the end of August.

4. Curzio Malaparte (1898-1957), Italian writer and filmmaker who built Casa Malaparte, a modernist building with a rooftop patio on the island of Capri. The villa appears in Jean-Luc Godard's film Contempt (1963).

5. Hristo Fotev (1934-2002), Bulgarian poet.

6. Jean-Baptiste-Camille Corot (1796-1875), French painter.

ACKNOWLEDGEMENTS

First published in Bulgarian as Сърцето не е създател (Sofia: Small Stations Press, 2013)

Five poems from this book appeared in issue 8 of *World Poetry Review*, edited by Chris Clarke. The poem 'Instructions' also appeared in the anthology *Best Literary Translations 2025*, guest edited by Cristina Rivera Garza (Dallas: Deep Vellum, 2025)

РАЗГЪРНИ СВОЯ БУНТ

www.ingramcontent.com/pod-product-compliance
Lightning Source LLC
Chambersburg PA
CBHW020211090426
42734CB00008B/1012